Der Kipplaster bringt die Erde an einen anderen Ort und lädt sie dort ab, zum Beispiel auf der Mülldeponie.

Eine Baustelle dürfen nur die Leute betreten, die dort arbeiten – und alle müssen zur Sicherheit einen Helm tragen.

Wozu braucht man Beton?

Damit das Haus fest steht, bekommt es einen Boden aus Beton, das Fundament. Ganz unten in die Grube kommt dafür ein Holzrahmen mit einem Stahlgitter.

Darauf wird durch einen Schlauch der flüssige Beton gepumpt. Wenn Beton lange genug trocknet, wird er steinhart und kann schwere Lasten tragen.

Das Betonmischfahrzeug bringt frischen Beton zur Baustelle.

Beton wird aus einer Mischung aus Sand oder Kies, Zement und Wasser angerührt. Diese Mischung muss ständig bewegt werden, damit sie flüssig bleibt. Deshalb dreht sich die Mischtrommel des Betonmischers.

Welche Fahrzeuge gibt es auf der Baustelle?

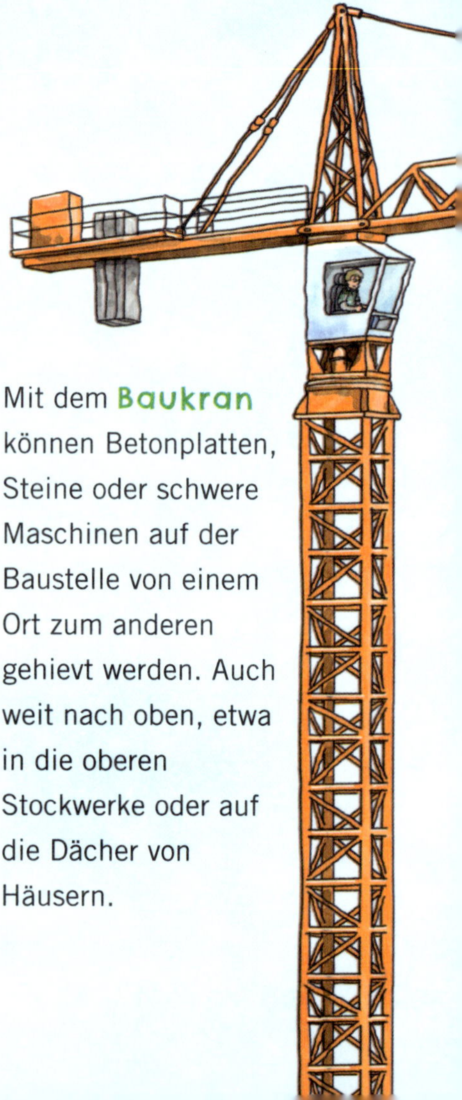

Auf den **Kipplaster** kommt alles, was weiter weg transportiert werden muss: zum Beispiel Sand oder Erde aus einer Baugrube. Zum Entladen kann der Laster seine Ladefläche kippen: Der Schutt rutscht dann durch eine Klappe einfach nach unten. Sehr praktisch!

Mit dem **Baukran** können Betonplatten, Steine oder schwere Maschinen auf der Baustelle von einem Ort zum anderen gehievt werden. Auch weit nach oben, etwa in die oberen Stockwerke oder auf die Dächer von Häusern.

Manche Bagger haben **Raupenketten** anstelle von Rädern. Damit können sie auch prima fahren, wenn der Boden nicht gerade und voller Löcher ist.

Der **Radlader** kommt auf kurzen Strecken zum Einsatz. Auf der Baustelle wird er zum Beispiel gebraucht, um große Steine aus dem Weg zu räumen.

Wie wächst das Haus?

Hauswände werden aus einzelnen Steinen zusammengesetzt. Zwischen die Steine kommt Mörtel. Wenn Mörtel getrocknet ist, hält er die Steine wie ein Klebstoff zusammen. Dort, wo später Fenster und Türen ins Haus sollen, bleiben Lücken.

Mit einer Wasserwaage prüfen die Maurerinnen und Maurer, ob die Wände gerade sind. Manche Steine werden mit einer Säge passend zugeschnitten.

Wann ist das Haus fertig?

Das Dach ist schon gedeckt, Fenster und Türen sind eingesetzt. Jetzt wird das Haus verputzt. Der Putz dient als Schutz. Am Ende kann er noch in einer schönen Farbe gestrichen werden.

Der kleine Löffelbagger hilft beim Anlegen des Gartens: Er gräbt die Erde um und hebt Löcher für Büsche und Bäume aus.

Wer hilft mit beim Hausbau?

Auf der Baustelle arbeiten viele Frauen und Männer. Alle haben eine besondere Aufgabe.

Der **Architekt** oder die **Architektin** entwirft die Pläne für das neue Haus.

Die **Bauleitung** verteilt die Aufgaben und sorgt dafür, dass jeder seine Arbeit ordentlich macht.

Der **Bauarbeiter** ist beim Hausbau zum Beispiel für das Arbeiten mit Beton zuständig. Er verputzt auch Häuser.

Der **Zimmermann** baut aus Holz das Gerüst des Daches. Wenn dieser Dachstuhl fertig ist, wird auf der Baustelle das Richtfest gefeiert.

Die **Dachdeckerin** bringt die Ziegel auf dem Dachstuhl an. Sie sorgt außerdem dafür, dass das Dach dicht ist – und baut die Dachfenster ein.

Der **Maurer** baut zum Beispiel die Hauswände. Mit der Maurerkelle trägt er Mörtel zwischen den Mauersteinen auf.

Woraus wird eine Brücke gemacht?

Auch Brücken werden aus Beton gebaut. Die Brücke muss später schwere Lasten tragen – darum bekommt sie ein Gerüst aus Stahl. Dann werden die Fahrbahn und die Brückenpfeiler aus Beton gegossen.

Wenn der Beton getrocknet ist, hält die Brücke das Gewicht vieler Autos aus.

Wie entsteht eine Straße?

Eine Straße wird gebaut. Dabei helfen verschiedene Fahrzeuge und Maschinen. Zuerst wird Schotter verteilt und festgedrückt. Dann kommt der Straßenfertiger: Er kippt den heißen Straßenbelag, den Asphalt, auf die Fahrbahn und verteilt ihn gleichmäßig.

Wenn der Asphalt abgekühlt ist, presst eine Walze ihn fest zusammen. Das macht ihn haltbarer – die Straße soll ja später keine Risse bekommen.

Die Gehwegplatten werden mit der Hand verlegt. Mit der Rüttelplatte wird der Boden fester gemacht.

Wozu ist der Bauwagen da?

Im Bauwagen verstauen die Arbeiterinnen und Arbeiter ihre Sachen und ziehen sich um. Hier können sie auch in Ruhe essen und trinken. Wer hart arbeitet, braucht schließlich auch eine Pause!

Auf der Baustelle arbeiten viele Menschen den ganzen Tag. Und was ist, wenn sie mal müssen? Dafür gibt es ein spezielles Klo in einer Plastikkabine. Das ist zwar nicht so gemütlich, aber besser als gar keine Toilette.